Cómo evitar y deshacerse del Bullying

Se puede superar cualquier tipo de bullying

Si en este momento estás leyendo este libro, es muy probable que estés pasando por la peor situación de tu vida o quizás tienes algunos de tus seres queridos que han sido victimas del bullying. De todo modo, sea cual fuere tu caso, a continuación vas a encontrar algunos buenos secretos y buenas historias reales que te servirán como base, a fin de que puedas convertirte en una persona muy optimista y positiva para el resto de tu vida.

Para empezar, quiero que sepas que no estás solo en el mundo y eres una persona más importante de lo que te puedas imaginar. Por lo tanto, si por algún motivo, alguien te ha acosado y eso te está afectando mucho e incluso ya ni siquiera tienes el control de ti mismo. En otras palabras, te sientes que el mundo entero está en contra tuyo o estás a punto de suicidarte para poder salir de la pesadilla en la que estás viviendo día tras día. Quiero que entiendas que, todos los problemas en la vida tienen una solución. Todavía estás a tiempo y puedes salir del infierno en el que estás viviendo de una forma muy sencilla.

Para ser sincero, yo también he sido victima del acoso pero he logrado superarlo con mis propios esfuerzos. Así que si yo puedo hacerlo, indudablemente tú también puedes hacerlo. Es por eso mismo que más adelante te contaré mis propias historias acerca de todo lo que he sufrido durante años para que veas y al mismo tiempo tomes el control total de tu mente. Te aseguro que, una vez que logres controlar tu propia mente, ningún tipo de bullying te volverá a hacer daño.

¿Qué es el bullying y de qué manera uno puede evitarlo o superarlo?

Antes que todo, es muy importante saber que el bullying un tema muy preocupante para todas aquellas personas con baja autoestima. Debido a lo cual, la única manera para que alguien pueda superarlo o evitar ser la próxima victima del acoso es siempre y cuando primeramente aprenda de memoria los siguientes:

1- El significado del bullying.

2- Los diferentes tipos de bullying.

3- Los lugares donde existe el bullying.

4- Las personas más vulnerables al bullying.

5- Las causas y las consecuencias del bullying.

6- Los trucos para evitar y deshacerse del bullying.

El significado del bullying

Es una palabra inglesa la cual significa lastimar a alguien, pero según la opinión de muchos individuos adinerados, el bullying es solamente un acoso escolar._____________ ¿Por qué razón opinan ellos así?_______________ Porque los únicos contactos que tienen sus hijos son con los otros compañeros de su escuela. Por lo tanto, esos padres piensan que el bullying es únicamente un acoso escolar, ya que sus hijos salen de la escuela y regresan a casa. Viven una burbuja y no tienen ningún vecinito con quien salir a jugar en su tiempo libre.

Pero en el mundo real, se puede observar que entre los niños siempre hay muchos problemas relacionados con la intimidación, la humillación, la manipulación, la discriminación, la persecución, el chantaje, la agresión, las peleas, las amenazas, las tiranías, etc… Por todos estos motivos, yo pienso que cualquier tipo de maltrato verbal, psicológico o físico ocasionado por un niño hacia otro es bullying y no importa que sea a través de las redes sociales o en persona.

¿Cual es el objetivo principal del acosador y cual es la reacción de su victima?

El objetivo principal de cualquier acosador es buscar la mejor manera de hacerle sufrir hasta matar a su victima. El acosador es una persona muy cruel porque tiene un vacío por dentro y piensa que la única forma de llenarlo es siempre y cuando vea a alguien sufriendo o muriendo por su culpa. Es por ese motivo que a cada rato los acosadores siguen acosando con más gusto a sus victimas.

Por otro lado, si la victima es una persona con autoestima baja, entonces será el pan comido para su victimario._____________ ¿Quieres saber por qué?_____________ Cuando se trata del bullying, es un problema que afecta directamente la salud mental de la victima. Eso es lo que yo llamo el daño psicológico por falta de autoestima. En muchos casos, las victimas del acoso deciden suicidarse porque creen que nunca van a poder encontrar ninguna forma de defenderse delante de su acosador.

Los lugares donde existe el bullying

Por lo visto, el bullying está en todas partes del mundo, por ejemplo: escuela, orfanato, iglesia, comedores, centro de refugio, vecindario, ciudad, campo, tribu, etc... Mejor dicho, si hay niños y jóvenes en un lugar, obviamente hacen bullying entre ellos de una forma u otra.

Eso es algo que ha existido desde hace tiempo y seguramente

va a seguir existiendo si no hacemos nada a cambio. Pero la buena pregunta es: ¿Por qué razón entre los niños, siempre hay bullying? Todos sabemos muy bien que los niños son muy crueles. De hecho, algunos de ellos tienen como pasatiempo inventar falsos defectos para poder hacerles la vida imposible a otros niños.

Por todo lo que está ocurriendo últimamente en nuestra sociedad, se puede decir con toda la seguridad que el bullying es un tema muy alarmante. ¿Por qué es tan alarmante? Para empezar, el acoso ya ha destruido la vida a más personas que el mismo VIH Sida, Cáncer, el virus Covid 19 y cualquier otra enfermedad mortal. Pensándolo bien, eso sucede porque normalmente el bullying destruye a la victima por dentro y luego la mata lentamente.

Es la razón por la que muchos de los familiares de la victima no suelen darse cuenta de nada hasta que suceda una desgracia en la familia. Tomándolo todo en consideración, yo, personalmente opino que el bullying es el peor enemigo de todos los niños principalmente aquellos que tienen baja autoestima.

No se puede negar que cualquier tipo de acoso es muy perjudicial para la salud, pero el más dañino es el acoso psicológico. Ya que en seguida, la victima se cae en depresión y luego entra en un estado de pánico y de fobia.

Mientras pasan los días, se va a ir de mal en peor, y si desgraciadamente no encuentra ninguna ayuda psicológica, en ese caso, podemos darlo por seguro de que los días de esa persona están bien contados.____________ ¿Por qué están contados?___________ Porque por lo general todas las victimas del acoso tienen una baja autoestima y eso siempre juega en su contra.

¿Cuáles son las personas más vulnerables al bullying?

En realidad de algún modo u otro, todos estamos expuestos a diferentes tipos de bullying, sobre todo en las redes sociales. No importa que tú seas un anciano, adulto, adolescente o niño, en esta sociedad cuando menos esperas el bullying puede tocar tu puerta para medir el nivel de tu autoestima. No obstante, indiscutiblemente los individuos más vulnerables son esos niños y adolescentes con baja autoestima (**tales como los chicos gordos, obesos, delgados, mal vestidos, pobres, desnutridos, huérfanos, discapacitados, enanos, altos, homosexuales, bisexuales, transexuales, con un color de la piel diferente a los demás**). En fin, ellos son las personas que más han sido victimas del bullying últimamente.

Ellos sufren mucho, principalmente cuando no cuentan con la presencia de sus padres o buenos tutores para ayudarlos psicológicamente, cuidarlos y guiarlos bien para poder esquivar los obstáculos que están en su camino. Al no tener muchos contactos con las personas que deberían protegerlos y escucharlos en sus momentos difíciles, eso les convierte en presas vulnerables delante de los acosadores.

En muchas ocasiones, algunos padres se pasan toda su vida trabajando por dinero, mientras otros no tienen ganas ni siquiera para escuchar un rato a sus hijos.__________ ¿Qué suele suceder en esos casos?__________

Normalmente cuando esos padres llegan a enterarse de la verdadera situación en la que estaban viviendo sus hijos, desafortunadamente ya es muy tarde, no pueden hacer nada para evitarlo sino vivir el resto de su vida arrepintiéndose y lamentándolo, siempre con las mismas frases: **Si yo supiera eso desde el principio, hoy en día mi hijo/a estaría aquí conmigo; Si yo**

hubiese escuchado a mi hijo/a cuando trataba de hablarme, eso no le habría sucedido de ninguna forma.

Mi consejo para ustedes que son padres, no importa la cantidad de trabajos o problemas que tengan en la vida, es muy importante que hagan un tiempo para escuchar y aconsejar a sus hijos.______________ ¿Por qué motivo?______________ Estamos viviendo en un mundo malvado donde fácilmente los niños pueden caer en cualquier tipo de trampa porque ellos son las personas más vulnerables.

Como ya he dicho antes, algunos individuos piensan que el bullying existe solamente en la escuela y por esa razón, en la casa se descuidan de sus hijos sin poder entender que eso es un error muy grave.___________ ¿En qué se equivocan?___________ El acoso está en cualquier lugar incluyendo la propia casa de uno. A lo que voy es que, existe un tipo de acoso llamado el bullying intrafamiliar donde un familiar suele acosar a sus propios parientes:

- Que no son muy inteligentes en la escuela.

- Que tienen alguna discapacidad mental o física.

- Que son homosexuales, bisexuales o transexuales.

- Que tienen un aspecto físico muy diferente al resto de la familia.

- Que se niegan a seguir los pasos de sus propios padres. Vale decir que, si sus padres son de una religión o un partido tal o tienen un titulo de tal carrera. En cambio, ellos quieren hacer otra cosa diferente a sus padres.

Esas diferencias suelen causar un infierno dentro de la propia casa y la familia de uno. Es por ello que he dicho que el bullying dentro de la familia es uno de los peores acosos.____________ ¿Por qué razón?____________ Porque en la escuela, por ejemplo, la victima puede llegar en un momento indicado y decide a no seguir asistiendo más a ese centro educativo.

Pero en cambio, cuando se trata del acoso intrafamiliar, la

victima tiene que vivir y soportarlo día y noche._______________ ¿Cuál sería la consecuencia?_______________ En muchos casos, las victimas siempre se suicidan para poder salir de todos sus sufrimientos de una forma más fácil, según su opinión._______________ ¿Por la culpa de quien?_______________ Por la culpa de su propia familia, sobre todo esos padres que generalmente no respetan la decisión ni la opinión de sus hijos, sino que viven hostigándolos y humillándolos todos los días, diciéndoles las siguientes frases:

- No sirves para nada.

- Tienes que obedecernos.

- Eres una vergüenza para la familia.

- Tienes que sacar esas basuras de tu mente.

- Nunca serás nadie ni tendrás ningún futuro.

- Tienes que ser una persona normal como nosotros.

- Nos arrepentimos mucho de haber tenido un hijo como tú.

- No eres nuestro hijo, porque no tienes nada en común con nosotros.

- Desperdiciamos nuestro dinero y nuestro tiempo en ti, y ahora nos pagas de esta manera.

Honestamente, escuchar todo el tiempo esas mismas tonterías, cualquier persona se puede volver más frágil de lo normal. Opino que realmente eso es un tema muy estresante.______________ ¿Por qué pasa eso en una familia?______________ Porque muchas veces, ciertos padres ven la vida a su propia manera y se niegan a ponerse en el lugar de sus hijos. Eso hace que los chicos se cansen de lo mismo de siempre o se vuelvan muy rebeldes. Al fin y al cabo, ellos suelen pensar que la vida ya no tiene más sentido y al mismo tiempo se vuelven muy paradójicos y luego se suicidan.

Los diferentes tipos de bullying

Sin ir muy lejos, en el pasado cuando no existían todavía los teléfonos, ni las computadoras ni Internet, hay ciertos tipos de acosos que no existían tampoco, pero hoy en día, todo se ha evolucionado y todo el mundo tiene acceso a las tecnologías modernas. Por lo tanto, cualquier individuo malintencionado siempre encuentra muchas maneras de acosarles a los demás. Por ejemplo:

- El bullying físico: El acosador suele buscar la manera de golpear, arrastrar, empujar e inclusive pisotear a su victima.

- El bullying sexual: El acosador se atreve a violar, tocar o acariciar a su victima sin su consentimiento, también en algunos casos, trata de humillarla por su orientación sexual.

- El bullying verbal: El acosador suele inventar un sobrenombre para su victima. Hace correr falsos rumores, insultos y siempre usa algunas palabras muy feas para poder intimidar a su victima.

- El bullying social: El acosador suele alejar a su victima lo más lejos posible de su entorno. Normalmente suele inventar falsas historias, con el objetivo de buscar más amigos para poder correr juntos a su victima.

- El bullying psicológico: El objetivo del acosador es hacerle a su victima sentirse muy diferente delante de los demás. Es decir que él ataca directamente la integridad moral y la dignidad de su victima a través de la persecución, tiranía, chantaje, amenazas,   burlas, manipulación, etc…..

- El bullying cibernético: El acosador utiliza las redes sociales para ofenderle o difundir falsos rumores, imágenes o videos acerca de su victima. De hecho últimamente muchos ignorantes descubren lo fácil que es el uso de las redes sociales, por eso, utilizan ese medio para acosarles a muchas personas de cualquier país del mundo.

Para ser sincero, sea cual fuere el tipo de bullying, pienso que es algo muy malo y por eso, no lo deseo a nadie.___________ ¿Sabes por qué?____________ Es porque tarde o temprano eso terminará arrastrando la vida de cualquier persona con baja autoestima hacia la ansiedad, tristeza y el suicidio.

Las causas y las consecuencias del bullying

Las causas del bullying: Generalmente el origen de la maldad de una persona acosadora tiene mucho que ver con las situaciones socioeconómicas, malas organizaciones en su hogar, violencias familiares, maltratos en su niñez, ausencia de un padre y por ultimo, la falta de algún cable en la cabeza. Lo digo es porque alguien que vive acosándoles a los demás es una persona que no está bien de cabeza.

No cabe ninguna duda de que todos los acosadores de cualquier país mundo tienen algunas características mentales en común. En otros términos, ellos son unas personas que nunca sienten empatía por su victima. De hecho, el mayor objetivo de un acosador es buscar su felicidad en el sufrimiento de su victima.

Por otro lado, hay otras causas particulares que tienen mucho que ver con el descuido personal. Me refiero a que, hay algunas personas que se descuidan de si mismas en su niñez o su juventud o su adultez. Así de simple, los acosadores siempre aprovechan esas ventajas para hacerles bullying a ellas__________ ¿Quienes son esas personas descuidadas?__________ Según mi opinión y mi punto de vista, en nuestra sociedad:

- Hay algunos chicos desvergonzados que suelen

robarles, pedirles prestado a cada rato, comer la comida que sobra de sus amigos o compañeros, sin poder entender que esos pequeños errores pueden causarles muchos sufrimientos hasta costarles la vida.

- Algunos individuos no tienen higiene personal. Son capaces de ir a la escuela, iglesia, reuniones o juntarse con sus amigos sin haberse bañado antes. En pocas palabras, ellos son tan negligentes, no se preocupan por bañarse ni cambiarse las ropas sucias o simplemente viven en esas condiciones a causa de la pobreza.

Pero pensándolo bien, todos esos tipos de errores que ellos suelen

cometer sin darse cuenta siempre traen una consecuencia fatal.______________ ¿Cuál es esa consecuencia fatal?______________
En esta sociedad, ser una persona descuidada significa darles oportunidades a los acosadores para que te hagan bullying. Así que, si no eres capaz de cambiar tus malos hábitos, tarde o temprano aparecerán algunos acosadores oportunos para observarte y luego lastimarte.____________ ¿Quién sería el responsable?______________
Tú serías el principal responsable de todo lo que te suceda por haber sido una persona negligente.

¿Todos los padres también tienen algo que ver con ese asunto?

Tanto los padres de los victimarios como los de las victimas son los principales responsables de cualquier tipo de acoso. Dado que muchos de ellos tienen hijos, sin embargo en vez de dedicar más tiempo para cuidarlos, prefieren pasar la vida corriendo detrás de las cosas materiales._____________ ¿Qué pasará con el tiempo?_____________ Honestamente, esos padres interesados pueden llegar a tener todas las riquezas que quieran pero al final, nunca van a poder disfrutarlas._____________ ¿Pero por qué no?_____________ Porque con el tiempo, siempre se presenta algún tipo de desgracias en su familia para poder destruirla.

Por otra parte, no podemos olvidar a esos padres que viven peleándose uno con otro, todo el tiempo. En mi criterio, cuando hay niños de por medio, cualquier tipo de discusión o pelea entre los padres es un mal ejemplo para esos chicos.______________ ¿Esos padres son inteligentes?______________ De inteligencia, no tienen nada, mejor dicho ellos son unos padres muy tontos. Ya que si fueran inteligentes, tratarían de hacer las cosas bien para no seguir peleando en la casa. Es decir, si se dan cuenta de que no pueden llevarse bien uno con otro, todo lo que deberían hacer es separarse uno de otro. Cada uno debería ir a vivir por su propia cuenta pero aun así deberían seguir siendo buenos amigos para el bien de sus niños.

No obstante, lamentablemente algunos padres son tan egoístas y torpes. Principalmente cuando ellos están separados uno de otro, nunca piensan en el bienestar de sus hijos. En otras palabras, el que vive con

los niños suele hablar mal del otro.
Yo me explico mejor:

- Si es la madre quien se encarga
  de cuidar a los niños, les dice a
  ellos: Su padre se fue de la
  casa, porque a él, no le
  importan ustedes sino salir con
  mujeres y andar bebiendo por
  allí.

- Si es el padre quien se queda a
  cargo de los niños suele
  decirles: La madre de ustedes
  no está con nosotros es porque
  ella es una mala mujer. Nos
  abandonó para ir con otro
  hombre, vivir la vida loca y
  buscar dinero fácil.

Dicho de la forma correcta, cuando
los padres no se llevan bien, uno
siempre busca falsos defectos para
poder castigar al otro pero siempre

a través de los niños. En realidad, eso es un pecado imperdonable, mentirle a un niño y decirle cosas feas para que él esté en contra de su padre o su madre. Hay que entender que esos hechos son unos de los peores errores que los padres pueden cometer en la vida, y obviamente eso tiene un precio.____________ ¿Quién pagará ese precio?____________ Penosamente, es el niño quien siempre paga la consecuencia de todos los errores cometidos por sus padres.

Tomándolo todo en consideración, tú como padre o madre, quiero que sepas que eres una persona muy inmadura, si piensas que vas a poder castigar a tu ex pareja a través de tus hijos. O sea, quieres quitarle su derecho paterno o materno, en consecuencia vives amenazándole y diciéndole:

- Si te vas de esta casa, más nunca vas a saber nada de mí ni tampoco de nuestros hijos.

- Me engañaste con otra persona, por eso no voy a permitir que vuelvas a tener más contactos con nuestros hijos.

- No nos has dado dinero o te quedas ahora en bancarrota, entonces no tienes hijos, si realmente quieres verlos, debes traer dinero primero.

- No me valoraste sino que me maltrataste y me traicionaste, así que vas a tener que sufrir mucho por todo lo que me hiciste. Porque me voy a ir con los niños y para siempre.

Yo sé muy bien que todo lo que te voy a decir, seguramente te va a doler mucho y no vas a querer aceptarlo pero me da lo mismo, porque tengo que decirte la verdad aunque te ofendas conmigo. Mi punto es hacerte entender que, tus hijos no tienen ninguna culpa de que tu relación con tu pareja no funciona bien. Fuiste tú quien eligió a tu pareja, no fueron tus hijos. Por lo tanto, tienes que asumir tus responsabilidades como adulto, en vez de hacerles la vida imposible a tus propios hijos.

Desde mis perspectivas, no importa que el padre sea el peor marido del mundo o la madre sea la mujer más mala de la tierra. En otros términos, el padre puede ser un ladrón, asesino, alcohólico, vago, indigente o la madre puede ser una prostituta, analfabeta, discapacitada pero bajo ninguna razón, tienes que hablar mal de él o de ella con tus hijos. Me refiero a que, tienes que dejar a tu ex pareja ver a sus hijos todas las veces que pueda, a menos que sea un peligro para ellos. Me explico mejor, si por ejemplo, tu ex pareja es una persona con problema mental que ha abusado o quiere lastimar a sus propios hijos, entonces en ese caso no debes permitirle que se acerque a los niños.

¿Es bueno mentirles a los chicos?

Nunca es bueno mentir a nadie principalmente a los chicos, pero tristemente muchos adultos tienen la costumbre de mentirles a sus hijos sin pensar en todas las consecuencias que eso traerá en un futuro cercano. Sin ir muy lejos, a veces tú vives con tus dos padres y sin embargo ellos se atreven a mentirte en tu propia cara, imagínate que si ellos están separados uno de otro, con más razón uno de ellos va a tratar de lavarte el cerebro con el objetivo de hacerte olvidar de tu padre o tu madre.

Por consiguiente, si ya eres un adolescente, me imagino que puedes razonar un poco. Es decir que, puedes entender mejor las cosas de la vida. Por lo tanto quiero que entiendas que todas las historias siempre tienen dos versiones. Así que no seas una persona tonta, tienes que abrir tu mente. Si te has criado con otra familia o con uno solo de tus padres, tienes que tratar de buscar a tu otro padre ausente para mirarlo a los ojos y escuchar su versión también, en vez de vivir toda la vida con estas tonterías en la cabeza, diciendo:

- No quiero saber nada de mi padre, porque me abandonó desde niño.

- No quiero ver a mi madre, porque ella se volvió lesbiana y se fue a vivir con su nueva pareja.

- No quiero saber nada de mis padres, porque ellos me abandonaron desde chiquito como si yo fuera un objeto. Nunca volvieron a buscarlo ni siquiera visitarme para saber cómo estoy.

Para que no pases el resto de tu vida arrepintiéndote o pidiéndole perdón a alguien, te aconsejo que antes de juzgarle a uno de tus padres, primeramente tienes que escuchar su versión, debido a que quizás la persona que esté a tu lado te está metiendo falsas historias en tu cabeza para que te olvides de tu padre o de tu madre para siempre. Es muy absurdo vivir a base de mentiras. En mi opinión, es muy importante averiguar siempre la verdad antes de tomar cualquier tipo de decisión.

Yo repito que la verdad duele mucho, por lo tanto después de haber escuchado las dos versiones de la historia, seguramente vas a querer andar con rencor por dentro y cobrarte venganza. Pero en vez de volverte un hijo malcriado y sádico, tienes que hacer lo posible para poder ignorar el pasado y luego trata de comenzar a hacer lo correcto. Es decir, tienes que aprender a ser fuerte y luchar por todo lo que desees en la vida, para que las personas que te han engañado o abandonado puedan quedarse muy avergonzadas y arrepentidas delante de ti.

Limpia tu corazón y aléjate del odio, porque una persona con rencor por dentro nunca vive feliz. No te pido que vayas a vivir con alguien que te ha abandonado, mentido o maltratado todo el tiempo sino demostrarle que eres una persona diferente y con un corazón de oro. No importa que sepas toda la verdad acerca de las historias de tu pasado, sin embargo aun así tienes que respetarles a tus padres. Bajo ninguna circunstancia, debes faltarles el respeto aunque ellos no te den ningún crédito ni tampoco te valoren para nada.

Te lo digo es porque me he dado cuenta de que, muchos padres tienen hijos pero no son capaces de criarlos ni siquiera pueden pensar en el futuro de sus chicos. Es por eso mismo que a veces, les mienten, los maltratan y los abandonan sin ningún motivo. Antes de continuar, te voy a contar la historia de un hombre.

Había un señor que trabajaba como navegante de barco y ganaba un buen sueldo. Tenía una relación de pareja con una mujer y ellos tuvieron un hijo. Pero en un momento dado, él tuvo un accidente y se quedó en coma durante casi un año. Después del accidente, desgraciadamente se lo echaron del trabajo y a partir de entonces se quedó en bancarrota.________
¿Dónde terminó él?________
Al no poder conseguir más dinero,

la mujer lo abandonó y no le permitió volver a ver nunca más a su único hijo. En consecuencia, se cayó en depresión, eso le obligó a meterse en los vicios para poder olvidarse de la realidad. Lamentablemente se volvió alcohólico y terminó en la calle como indigente.

Por otro lado, el niño, al perder el contacto con su padre, su autoestima se bajó al suelo y entró en mundo de tristeza. Ni siquiera quiso seguir jugando con sus compañeros como de costumbre.___________ ¿Cómo reaccionaron sus compañeros?___________ Ellos se enteraron de que el padre de dicho niño era un alcohólico e indigente, por eso empezaron a hacerle bullying todos los días.

El niño no entendía muy bien que fue lo que sucedió con su padre, dado que cada vez que él preguntaba a su madre algo acerca de su padre. Ella siempre le daba una excusa, pero nunca le dijo la verdad.___________ ¿Qué pasó al final?___________ Un buen día, él se cansó de los acosos ocasionados por sus compañeros de la escuela, volvió a casa y se suicidó.___________ ¿Por la culpa de quien?___________ Pesándolo bien, toda la culpa la tiene su propia madre. Ella pensó que estaba haciendo lo correcto, al separar a su hijo de su padre, pero a fin de cuentas, ella echó a perder todo lo que tenía por delante. Debido a que destruyó a su propia familia sin darse cuenta.

En realidad, todos los niños de la tierra tienen derecho a estar en contactos tanto con su padre como su madre. Nadie debería quitarles ese derecho. De lo contrario, son esos mismos chicos los que pagarán las consecuencias en un futuro cercano de una forma muy cruel.

Normalmente cualquier niño que pierde el contacto con uno de sus padres o sufre de los abusos intrafamiliares tiene dos opciones a elegir en su camino.______________ ¿Cuáles son esas dos opciones?______________Volvers e una persona acosadora despiadada o vivir con la baja autoestima para que todos los demás le pisoteen la cabeza hasta destruirle la vida. La pregunta es:______________ ¿Por qué razón haría un niño algo así?______________ Una persona con baja autoestima es alguien que tiene un problema psicológico lo cual le hace sentir que su vida vale menos que la de los demás. Quiere decir que, en vez de pensar en lo positivo, siempre piensa en lo negativo.

Por otra parte, una persona acosadora también tiene un problema psicológico pero de otro nivel. Me refiero a que ella siempre se cree más importante que lo demás. Ya que vive en un mundo de fantasía y de prioridad. Su mejor pasatiempo es lastimarles a todos los débiles.

Según mi opinión, no cabe ninguna duda de que, tanto una persona acosadora como sus victimas, ellas tienen algunas particularidades en común.____________ ¿Qué tienen esas personas en común?____________De una manera u otra, ellas han tenido ciertos problemas familiares en su casa que les han hecho sufrir mucho. Podemos mencionar algunos de los casos más conocidos:

- Ser un huérfano.

- Falta de atención en casa.

- Crecer con un padre o una madre.

- Sufrir de algún tipo de abusos infantiles.

- Ver todo el tiempo peleas entre sus padres.

- Ser un niño muy consentido por sus padres.

Realmente los chicos que han pasado por esos tipos de problemas siempre se han quedado muy traumatizados. Es decir, no suelen ser ni tampoco vivir como los niños normales.______________ ¿Por qué no?______________ Porque ellos no están bien mentalmente a causa de todo lo que han vivido.

Hay otro problema grave ocasionado por la tecnología moderna

Uno de los errores mortales que muchos chicos y algunos padres suelen cometer sin darse cuenta es subir las fotos de los niños desnudos en las redes sociales. En mi criterio, eso significa exponer a los chicos directamente al peligro. Debido a que todas las personas malintencionadas usan las redes sociales para poder lastimarle a la gente inocente. Así que, en el momento que ellas encuentran la foto de un chico desnudo en la red, son capaces de utilizar esa foto para hacerle cualquier tipo de bullying.

Sinceramente, en las redes sociales nadie sabe quienes son los buenos ni los malos de la película.___________ ¿Quieres saber por qué?___________ Porque muchos de los individuos que usan las redes sociales suelen ser una moneda de dos caras. A lo que voy es que en las redes sociales, las personas suelen mostrar una imagen falsa para poder atrapar a sus victimas. Por lo tanto, todos los padres deberían aconsejarles a sus hijos a no subir cualquier tipo de foto en su página ni tampoco agregar a las personas desconocidas. Esos tipos de errores pueden perjudicarles la vida para siempre.

Las consecuencias:

Las consecuencias siempre afectan mucho a la victima y se manifiestan de diferentes maneras en cada ser humano. En otras palabras, algunas personas que han sido victimas del bullying suelen volverse muy agresivas y ofensivas mientras otras prefieren permanecer en un mundo de soledad donde tratan de no hablar ni tener contactos con nadie. Viven muy confundidas con ansiedad, depresión, trastornos emocionales y fóbicos. Se vuelven muy inseguras, negativas y con baja autoestima, su lugar preferido para estar es encerrarse en su casa sin salir a ninguna parte.

¿Cuales son los síntomas?

Hay miles de indicadores que la victima puede presentar para que cualquier adulto normal pueda darse cuenta con mucha facilidad de que esa dicha persona está pasando por una situación muy difícil. Entre esos indicadores, podemos mencionar:

- Insomnio.

- Inquietud.

- Cansancio.

- Nerviosismo.

- Dolor de cabeza.

- Perdida de memoria.

- Trastornos de pesadillas.

- Falta de concentración y atención.

- Pensamientos suicidas continuamente.

Cuando alguien de nuestra familia presenta algunos de esos indicadores anteriores, lo primero que tenemos que hacer es brindarle urgentemente muchos apoyos emocionales, morales y sociales para que pueda recuperar su autoestima. No debemos quedarnos con los brazos cruzados sin hacer nada a cambio por esa persona que está sufriendo. Ya que el acoso es un problema muy grave.__________ ¿Qué tan grave es?__________ Es muy grave porque ocasiona siempre trastornos mentales los cuales con el tiempo son capaces de cobrar vidas y destruir familia.

Hay que entender que, la mente es el centro de mando del cuerpo, sin embargo ella siempre se guía por dos cosas.______________ ¿Te interesa saber cuales son?______________ Esas dos cosas son: **los ojos y los oídos**. Vale decir que, tanto los problemas como la felicidad, ambos entran a través de los ojos o los oídos. Yo me explico mejor, si por ejemplo, alguien te ha dicho más de una vez que:

1) Eres muy bonito, tierno, inteligente, amable, tienes un cuerpo perfecto. Indudablemente aunque todo sea una mentira pero con el paso del tiempo terminarás creyendo todo lo que te ha dicho esa persona.

2) Eres feo, estúpido, gordo, desnutrido, nadie te quiere ni tc soporta, no serás nadie en tu vida, eres un loco o un

espantapájaros, le das asco a la gente, etc….. No cabe ninguna duda de que tu mente se lo va a creer todo y a la misma vez empezarás a preocuparte mucho y preguntarte a ti mismo por dentro: (**Por qué razón todo el mundo me dice que tengo esos defectos; Por qué motivo soy inferior a los demás**). Te aseguro que pasarás el resto de tu vida haciéndote las mismas preguntas y si eres una persona insegura y con poca autoestima, en ese caso puedes darlo por seguro de que tus días están bien contados, porque esas preocupaciones te matarán pronto.

Los sabios suelen decir que más de una vez es costumbre, por lo tanto cuando alguien te dice cualquier tontería más de una vez, seguramente eso se quedará grabado en tu mente. Es por esta misma razón que los acosadores terminan lastimando a miles de sus victimas sin haberles tocado ni siquiera un solo cabello de su cabeza sino que ellos logran sus objetivos utilizando únicamente imágenes o palabras feas y mentiras.

Sin ir muy lejos, una vez, una señora se alquiló una casa en un nuevo vecindario y se mudó. Con el tiempo, empezó a conocer y relacionarse con sus nuevos vecinos y vecinas. Se dio cuenta de que una de sus vecinas tenía un buen trabajo, casa propia, auto, dinero y muchos seguidores y admiradores. En consecuencia, esa señora comenzó a envidiar a su vecina y tomó la decisión de ser su amiga pero con la intención de lastimarla psicológicamente.

La señora se acercaba todos los días a hablar con su vecina y cada vez con más confianza sin que ella se diera cuenta de nada de lo que estaba ocurriendo. Después de un par de meses de amistades, un día dado, la señora se acercó a su vecina mintiéndole:

- **La señora:** Pero vecina, en estos días, te veo un poco más delgada de lo normal.

- **La vecina muy incomoda contestó**: Estoy bien así, solamente estoy cuidando un poco más mi figura.

Al día siguiente, más temprano volvió de nuevo la señora a la casa de la vecina para hablarle sobre el mismo tema.

- **La señora:** Vecina, veo que tienes la cara muy triste y estás perdiendo peso.

- **La vecina:** ¿En serio, lo dices?

- **La señora:** Si te lo digo en serio, te veo completamente diferente en estos días.

La señora terminó de hablar con la vecina y se fue a su casa. Rápidamente la vecina se acercó a un espejo para mirarse. Se pasó un buen rato mirando su cuerpo, luego se alejó del espejo pero se quedó con la duda en su mente, a pesar de que no vio ningún cambio en su imagen. Después de unos minutos volvió nuevamente al espejo para mirarse. Al final, ella terminó pasando el día entero mirándose a cada rato en el espejo.

Al día siguiente, volvió la señora como de costumbre a la casa de la vecina para seguir complicándole la vida:

- **La señora mira a la vecina y le dijo**: Soy tu amiga, quiero lo mejor para ti, por eso te estoy diciendo la verdad, creo que deberías hacer algo a cambio. Por ejemplo, buscar ayuda de algún profesional, por lo que veo, tú no estás bien de salud.

Desde entonces la vecina dejó de alimentarse y de hacer sus deberes, decidió no salir de la casa ni tampoco tener contacto con las otras personas para que nadie la viera. Dedicó todo su tiempo delante del espejo mirándose sin poder dormir. Por otra parte, la señora malvada seguía visitando a la vecina cada vez más temprano todavía en la mañana, dado que ella notó que realmente la vecina empezó a tener cara de preocupaciones y por eso, tomó la decisión de meterle más basuras en la cabeza para que se muera más rápido:

- **La señora a la vecina**: Si sigues así, nadie te va a querer, creo que sufres de alguna enfermedad rara. Yo en tu lugar, iría al medico y psicólogo para saber que está pasando.

- **La vecina muy triste y convencida**: Me he dado de que tienes razón de todo lo que me habías dicho, ya no soy la misma persona porque me siento muy débil, no tengo nada de apetito ni tampoco puedo dormir de noche como antes.

- **La señora le dijo:** Sabes muy bien que estoy aquí para ayudarte, ponte otras ropas, te acompaño al medico y también al psicólogo hoy mismo antes que sea muy tarde.

La señora le acompañó a la vecina para ir a ver a varios médicos y psicólogos.______________ ¿Qué fue lo que le diagnosticaron a ella?______________ Según los diagnósticos de todos los médicos que atendieron a la vecina, cada uno de ellos le detectó un tipo de problema de salud muy diferente. Es decir que, algunos médicos le dijeron a ella que tenía un tipo de Cáncer muy avanzado, mientras otros le dijeron que tenía algunas enfermedades graves tales como VIH-Sida, Diabetes, Presión alta, Parkinson, Virus desconocidos, problemas de Cardiovasculares, de Pulmones, de Corazón, de Riñones, Tiroides, Colesterol alto, ect...

Por otro lado, los psicólogos le dijeron a la vecina que tenía algunos tipos de trastornos, tales como ansiedad, bipolar, estrés post-traumático, ataque de pánico, trastorno obsesivo-compulsivo y fóbico._____________ ¿Eso era cierto?___________ Eso no era cierto porque ella no tenía ninguna de esas enfermedades sino que por falta de autoestima, una señora malintencionada le complicó la vida por diversión.

En fin, los médicos le recetaron a la vecina todos tipos de

medicamentos pero ningún de esos remedios le ayudó a ella en nada. Inclusive después de haber ido a buscar ayudas profesionales y tomar los medicamentos se puso de mal en peor.____________ ¿Cuál fue la reacción de la señora?____________

La señora no dejaba de ir a visitarle a la vecina todos los días en la mañana y siempre con las mismas historias, diciéndole: **Vecina, estás muy fea para la foto, tienes que hacer algo a cambio, no te veo nada bien, ahora puedes notar que nadie te visita ni te quiere como antes.**

Tristemente unas semanas más tarde, la vecina murió en su casa a causa de las mentiras de una señora envidiosa quien logró causarle muchos daños psicológicos hasta destruirle la vida lentamente.

La moraleja de esta historia nos ha enseñado que ningún medicamento puede salvar la vida de las personas con autoestima baja que han sido victimas del bullying. Yo personalmente opino que, es muy importante que todos los padres enseñen a sus hijos desde pequeños cómo levantar y mantener siempre su autoestima alta y también ser personas muy seguras y positivas, a fin de que no sean victimas de ningún tipo de acoso.

¿Cual es el peor bullying?

En mi criterio, el peor bullying del mundo es el autobullying. En realidad, alguien que ha sido victima del acoso es porque su propia mente ha creado el autobullying.___________ ¿Qué significa eso?___________ Todas las personas con baja autoestima son muy vulnerables, en consecuencia su mente constantemente produce todos tipos de falsos pensamientos e imaginaciones. Incluso, muchas veces ellas mismas colocan en sus redes sociales algunos comentarios muy ridículos acerca de su propia vida.

Hasta donde yo sé, todos los acosadores tienen como pasatiempo buscar defectos sobre los demás para poder distinguir y acosar a todos aquellos que tengan baja autoestima. Tomando todo en consideración, si eres una de esas personas con baja autoestima que viven haciéndose el autobullying, publicando sus problemas personales en las redes sociales, entonces eres una presa fácil.______________ ¿En qué sentido?______________ Dado que tarde o temprano alguien se te va a acercar para hacerte una broma o bullying, diciéndote algunas de estas tonterías: eres una persona fea, rara, obesa, boba, enana, discapacitada, homosexual, delincuente, pobre, descendiente de inmigrante, entre otros. En esos casos, seguramente tu mente no dejará de pensar en los siguientes:

- Me dicen que soy feo y raro, voy a tratar de no estar donde hay personas bonitas.

- Me dicen que soy obeso, voy a tratar de quedarme en casa para que la gente no me vea.

- Me dicen que soy discapacitado, por eso cada vez que yo salgo, todo el mundo se ríe de mí.

- Me dicen que parezco un travesti, voy a tratar de no acercarme a los demás. Ya que al verme, rápidamente las personas empiezan a burlarse de mí.

- Me dicen que soy descendiente de delincuentes, por lo tanto cualquier cosa que pierdan mis compañeros y mis vecinos, sin ninguna duda me acusarán por los hechos.

- Me dicen que soy descendiente de inmigrante, no quiero seguir yendo a la escuela donde están los niños nativos de este país, porque ellos van a querer seguir humillándome y discriminándome.

Eso es lo que yo llamo el autobullying, ya que la victima

siempre cree todo lo que los demás le dicen. En mi opinión, no importa que tú seas un niño, adolescente o adulto, sin embargo tienes que aprender cómo controlar tu propia mente y la única manera de lograrlo es siempre y cuando sepas cómo mantener tu autoestima bien alta y creer en ti mismo. Aunque la vida no sea justa, pero debes tratar de no preocuparte tanto por esas tonterías las que te dice la gente muy a menudo, de lo contario tu mente va a creer todo lo que tus oídos escuchan o tus ojos ven.

Para ser honesto, en nuestra sociedad muchas personas están acostumbradas a hablar y opinar sobre las cosas que no saben. Por consiguiente, tienes que tratar de no seguir prestando atención a todo lo que escuches o veas por allí, para que no tengas que perder la cabeza cuando te enteras que los demás están hablando mal de ti. Si no puedes evitarlo, te aseguro que tarde o temprano ellos te van a pisotear la cabeza hasta destruirte la vida lentamente.

Los trucos para poder evitar y deshacerse del bullying

Antes de empezar a hablarte acerca de los verdaderos trucos para poder evitar o deshacerte de cualquier tipo de acoso, quiero contarte algunas de mis propias historias, para que puedas entender que yo también he sido victima del bullying igual que tú.

Pero con muchos esfuerzos y deseos de vivir, he logrado superar todos mis obstáculos los que tienen que ver con el acoso. De hecho últimamente muchos individuos malintencionados se me han acercado para intimidarme y humillarme, sin saber que se están metiendo con la persona equivocada._____________ ¿Quieres saber por qué?_____________ Porque hoy en día, mi mente está bien preparada, por lo tanto ningún tipo de acoso la puede afectar.

Es por eso mismo que, cualquier persona que trate de acosarme, nunca le digo nada al respecto sino que le escucho con atención y la observo muy cuidadosamente._____________ ¿Sabes para qué?_____________ Para yo luego hacerle pasar vergüenza e incluso escribir un capitulo sobre su mala conducta en la sociedad._____________ ¿Dónde se puede encontrar esos capítulos?_____________ Si uno se fija con atención en todos mis libros, va a encontrar mínimo un capitulo escrito sobre esas personas acosadoras que han querido burlarse de mí o de mis seres queridos.

Quiero que sepas que, no vale la pena discutir con ninguna de esas personas que tratan de acosarte.___________ ¿Cuál es la mejor opción?_______________ Aunque no lo creas, pero por ley de la vida, todos los acosadores son muy ignorantes, así que si tratas de discutir con ellos, eso les hará volverse más necios todavía. Desde mi perspectiva, la mejor manera de vengarte es siempre y cuando les hagas quedar muy avergonzados delante de los demás.

Te aseguro que una vez que ellos pasen vergüenza públicamente, jamás van a querer volver a mirarte nuevamente en los ojos ni mucho menos acosarte. Inclusive ellos harán todo lo posible para poder estar siempre a miles de kilómetros de distancia de ti, con el objetivo de no tener ningún contacto contigo. Te lo digo es porque en varias ocasiones he hecho pasar vergüenza a muchos de los individuos que trataban de acosarme. A continuación, te voy a contar algunos de los trucos que he utilizado para avergonzarles a ellos.

No nací ni tampoco crecí en un lugar digno sino en una zona donde la pobreza formaba parte de nuestra vida. Todos sabemos muy bien que, cuando uno vive en la miseria entonces se vuelve más feo de lo normal.______________ ¿Es eso un problema en nuestra sociedad?______________ Absolutamente, eso es uno de los grandes problemas por los que muchas personas suelen humillar y discriminar a uno, principalmente los niños porque son muy crueles.

En el mundo que vivimos, si por accidente naciste con alguna deficiencia física, mental o en una familia con bajo recurso o vives en la pobreza o te descuidas de tu figura, puedes darlo por seguro de que esas cosas son suficientes para que todos los demás te hagan bullying hasta causarte un trauma psicólogico por el resto de tu vida.

Eso fue mi caso, porque pasé toda mi niñez y mi adolescencia aguantando todo tipo de acosos ocasionados por mis vecinos y mis compañeros de clase._____________
¿Te gustaría saber qué fue lo que hice   al respecto?_______________Un buen día, me puse a pensar en mi

situación y luego me di cuenta de que tenía dos opciones: darme por vencido o luchar como pudiera por mi propia cuenta. Al final, elegí la última opción y decidí demostrarles a los demás que, a pesar de mi mala situación económica, he sido capaz de sacar la mejor versión de mí para poder cerrarles la boca a todos aquellos tontos que me estaban pisoteando la cabeza.

Para empezar, en los primeros grados de la escuela primaria, como cualquier otro niño, yo necesitaba a alguien para ayudarme con las tareas. Pero tristemente, no tenía unos padres que sabían leer como para ayudarme ni tampoco ellos contaban con dinero para pagarle a un tutor con la finalidad de ayudarme. La buena pregunta es.______________ ¿Cuál fue mi

estrategia para poder hacer mis tareas y sacar buenas notas?_________________
Afortunadamente desde muy chiquito, yo solía ayudar a algunos niños de mis vecinos quienes me daban algo de comida a cambio de vez en cuando.

Por otra parte, vivía cerca de uno de mis primos de la misma edad que yo. En aquel tiempo él era más avanzado que yo en la escuela, dado que su padre era profesor de la escuela secundaria._________________ ¿Era fácil conseguir la ayuda de mi primo?_________________ No era tan fácil porque en la vida todo tiene un precio, de alguna forma uno tiene que pagar ese precio para poder conseguir lo que quiere en su vida._________________ ¿Te gustaría saber con qué le convencí a mi primo?_________________ No se puede negar que, según la teoría de los niños, la comida de la casa de los vecinos siempre tiene mejor sabor que la de la propia casa de uno. Debido a lo cual, cada vez que los vecinos me daban algo de comida, guardaba un poco en mis bolsillos para mi primo, a fin de que me pudiera ayudar con mis tareas.

De hecho, mi primo siempre me esperaba cada vez que los vecinos me llamaban porque él sabía muy bien que, al regresar a casa, le iba a llevar algo de comida._______________ ¿Tenía yo otra opción?_______________ A mí, no me quedaba otra opción que llevarle algo siempre en mis bolsillos, de lo contrario él no me iba a ayudar con ninguna tarea. En aquella época, yo no contaba con el acceso al Internet donde podía buscar materiales para poder hacer la tarea como hoy en día.

Estoy tratando de explicarte todas estas cosas para que puedas entender que, cuando uno realmente quiere lograr un objetivo, siempre va a encontrar la manera de alcanzarlo. Es decir que, yo tenía mucha fuerza de voluntad, por eso estaba dispuesto a todo para poder cumplir mi sueño._______________ ¿Cuál era mi sueño?_______________ Quería ser uno de los mejores alumnos para no tener que juntarme con los perdedores quienes tienen como costumbre malgastar todo su tiempo en buscar defectos de los demás para luego hacerles bullying, en vez de estudiar mucho para poder sacar buenas notas.

Mi primer paso hacia delante

En los últimos grados de la escuela primaria, ya no necesitaba a nadie para seguir ayudándome con las tareas.______________ ¿Sabes por qué no?______________ Porque yo ya era suficiente inteligente como para hacer todas mis tareas por mi propia cuenta, de hecho era yo quien solía ayudar a mis compañeros de clase con sus tareas principalmente en la matemática.

Pero tristemente, al dejar la escuela primaria, también tuve que abandonar a casi todos mis compañeros.______________
¿Debido a qué?______________
Debido a que en mi ciudad, había una sola escuela secundaria publica en la cual únicamente los alumnos más inteligentes han conseguido ingresar para poder continuar con sus estudios. Así que, todos

aquellos estudiantes que no han logrado pasar el examen del ingreso, tienen dos opciones: ir a un colegio privado si tienen con qué pagarlo o esperar el año siguiente para volver a intentarlo nuevamente.

Esa escuela secundaria funciona de tres turnos: turno de la mañana, de la tarde, y de la noche. Cuando ingresé allí, me tocó el turno de la tarde. Había un total de nueve salones de primero de bachillerato entre los tres turnos y en cada salón había 150 alumnos. En mi salón de clase, me tocó junto con una sola chica quien era mi compañera desde la escuela primaria, todos los demás 148 alumnos eran de otras escuelas diferentes.

Vale decir, el primer día de clase, en el primero de bachillerato, nadie suele conocer a nadie, ya que normalmente todos son alumnos nuevos y vienen de diferentes lugares._______________ ¿Sería fácil para uno llevarse bien con todos esos alumnos?_______________

Honestamente, no es nada fácil, dado que desde el primer día de clase, los acosadores siempre empiezan a observarles a todos los demás y a la misma vez buscar cualquier tipo de defecto para hacerles bullying. Para decir la verdad, los alumnos más vulnerables suelen ser aquellos que:

- Vienen del campo a estudiar en la ciudad.

- Viven en los vecindarios más pobres de la ciudad.

- Tienen algún defecto físico o falta de higiene o son muy feos.

- Tienen familiares delincuentes, homosexuales o que hacen algunos trabajos sucios.

Para no mentir, yo también fui uno de las victimas del acoso_______________ ¿Por qué?_______________ Porque nací en campo, vivía en un vecindario pobre y por último nunca he sido uno de los alumnos bonitos. Por consiguiente, desde el primer día de clase, uno de mis compañeros empezó a mirarme mal y expresarse de una forma presuntuosa como si él fuera el más importante de todos los alumnos._______________ ¿Quién era el más inteligente de todos?_______________ Era completamente imposible saber quien era el más inteligente o más tonto de mi salón, hasta después de los primeros exámenes.

De la misma manera, tuve que pasar los primeros meses en la clase aguantando todos tipos de bullying. No obstante, en todo ese tiempo, estuve observando a todos los acosadores sin decirles nada, dado que uno de mis hábitos es mantenerme siempre con un perfil bajo_______________ ¿Cómo fue el día del primer examen?_______________El día del primer examen, el tiempo limitado para terminarlo era una hora y media, pero el muchacho presuntuoso lo terminó en tan solo 20 minutos y luego se fue a su casa. Me acuerdo que cuando él entregó su examen, el profesor miró su reloj y dijo: **"Ese muchacho si es un alumno inteligente y estudioso,**

tomó únicamente 20 minutos para terminar su examen".

El segundo día del examen, el mismo muchacho volvió a terminar su examen nuevamente en unos 20 minutos._______________
¿Qué   sucedió después?_______________ A partir de entonces, todos los alumnos interesados se acercaron a ese muchacho presuntuoso para hablarle con la finalidad de sentarse a su lado y copiar durante el resto de los exámenes. Según ellos, él era el más inteligente de la clase porque siempre respondía todas las preguntas de los exámenes en menos de 20 minutos.

En cambio yo, no le prestaba ninguna atención a ese muchacho presumido._______________ ¿Por qué no?_______________ Siempre he tenido muchas confianzas en mí mismo. Por esta razón, no suelo entregar mi examen muy rápido al profesor por más que lo termine. Estoy acostumbrado a esperar a que todos los otros alumnos entreguen su examen y luego voy de ultimo a entregarle el mío al profesor.____________ ¿Te gustaría saber por qué motivo suelo tardar tanto   para entregárselo?____________ Para empezar, todos los exámenes son trampas, no siempre son lo que se parecen ser. A veces uno piensa que contesta bien todas las preguntas, pero después de haber entregado su examen al profesor, allí recién se da cuenta de algunos errores cometidos.

Por lo tanto, en el examen siempre trato de quedarme con las hojas en la mano. Inclusive en varias ocasiones me he dado cuenta de ciertos errores y rápidamente los corrijo antes de entregarle mis hojas al profesor. Para ser sincero, en los exámenes nunca me gusta llamarles la atención a los demás, suelo comportarme como un alumno que menos sabe de la clase pero siempre con un buen truco bajo la manga, principalmente cuando mis compañeros no me conocen todavía.______________ ¿Hasta cuando va a durar ese secreto?______________ No se puede negar que ningún secreto dura para siempre, así que el día de la entrega de los resultados, me gusta dejarles a todos con la boca abierta sin poder decir nada.

Tal como yo lo tenía pensado, así mismo fue que sucedió. El día de la entrega de los resultados de los exámenes del primero de bachillerato, honestamente fue una sorpresa que nadie de mi salón esperaba.___________ ¿Qué tipo de sorpresa fue?___________ Ese muchacho presuntuoso sacó un 5 sobre 10, y todos los alumnos interesados que copiaban de él, sacaron menos nota todavía.____________ ¿Por qué?______________ Por haber sido unos tontos, al ver que ese muchacho presumido siempre entregaba su examen muy rápido, ellos dejaron de estudiar y empezaron a copiar de él.

En mi caso, saqué un 9 sobre 10, algo que ninguno de mis compañeros pudo entender. ______________ ¿Cómo siguió la clase después del examen?______________Desde ese día, por un lado me tocó el respeto de parte de los otros alumnos mientras por otro lado, me tocó todo tipo de problemas de parte de ese muchacho presuntuoso quien se quedó completamente traumado porque no pudo creer ni tampoco aceptar que yo pudiera sacar la nota más alta de nuestro salón.

Por eso, él hacía de todo para poder intimidarme e incluso inventaba historias falsas sobre mí.______________ ¿Los alumnos se lo creyeron?______________ Ellos no le creyeron en nada porque se dieron cuenta de que él era un mentiroso. En consecuencia, cada vez que él trataba de jugar sucio contra mí, más compañeros me seguían a mí.______________ ¿Se dio por vencido?______________ No quiso darse por vencido sino seguir buscando la manera de humillarme e incluso se atrevió a decirles a los demás que yo copiaba en los exámenes para poder sacar buena nota.

Según la opinión de ese muchacho presumido, yo era su mayor problema en esa escuela, por eso me odiaba tanto, y creo que hasta el día de hoy me sigue odiando. En cambio yo, nunca he pensado lo mismo acerca de él. Solamente en clase tomaba mis precauciones con él, porque yo sabía muy bien que estaba estudiando junto con alguien que siempre me consideraba como su peor enemigo.____________ ¿Sabes por qué no le he guardado ningún rencor?____________Porque nunca pierdo mi tiempo con los perdedores. En mi criterio, alguien que te acosa y te odia es un perdedor, no tienes que prestarle ninguna atención, sino que debes seguir esforzándote cada vez más para que todo el mundo vea que eres muy diferente a lo que la gente malintencionada suele comentar sobre ti por ahí.

En mi caso, para evitar los problemas con ese muchacho presumido, en clase siempre me sentaba al lado de mis amigos pero eso no significaba que todo marchaba muy bien.______________ ¿Por qué no?______________Porque ese muchacho no dejaba de acosarme, a pesar de que se quedó sin ningún amigo en el salón. De hecho, cuando se dio cuenta de que nadie le prestaba atención se puso más furioso aun. Pero la vida es así, si por ejemplo tus amigos o tus conocidos descubren que eres una persona falsa, ninguno de ellos va a querer quedarse a tu lado.

Por otra parte, no importa cuantos falsos comentarios, defectos y testimonios, la gente dice sobre ti para intimidarte, indiscutiblemente el día que tú demuestres lo contrario, todos los individuos que suelen acosarte se caerán en sus propias trampas donde se quedarán muy humillados y avergonzados.

Lo que quiero hacerte entender es que con el tiempo, todo va a salir a la luz y las personas malintencionadas nunca tienen un final feliz. Sin ir muy lejos, en el principio de la clase todos los alumnos pensaban que el muchacho presuntuoso era muy inteligente, pero al final ellos descubrieron que él era un bueno para nada y así de simple lo dejaron solo. Efectivamente a pesar de que él estaba en el salón con nosotros, sin embargo no tenía con quien charlar y así mismo fue que terminamos la escuela secundaria. Según mi opinión, él siguió asistiendo a la clase con nosotros porque no tenía dinero para pagar un colegio privado o simplemente porque no tenía vergüenza.

Mi segundo paso hacia delante

Hace un tiempo atrás, mientras yo estudiaba, también trabajaba en un taller como ayudante. Sinceramente, todo marchaba muy bien en ese lugar, hasta que un buen día el dueño del taller contratara a un nuevo muchacho.

Desde que él llegó a ese taller, empezó a hacerme el bullying todo el tiempo. Nada de lo que yo hacía estaba bien para él. De hecho, siempre abandonaba sus deberes y se me acercaba para observarme y a la misma vez burlarse de mí.___________ ¿Lo hacía públicamente?_______________ Por supuesto que si, dado que delante de sus amigos, él se ponía más insoportable aun conmigo. Estas son algunas de las cosas que él me decía constantemente:

- No sabes hacer nada bien.

- Nunca serás nadie en toda tu vida.

- Gente como tú, nunca aprende nada.

- Eres una persona que no tiene vergüenza.

- Si yo fuera tú, no me quedaría aquí trabajando.

- Nadie te quiere en este trabajo porque eres un inútil.

- Tienes el cerebro fundido, por eso siempre haces las cosas mal.

- Estás perdiendo tu tiempo aquí porque nunca vas a poder progresar.

Para ser muy honesto, escuchar esas cosas todos los días y durante más de dos años, cualquier ser humano por más tranquilo que sea, puede llegar en un momento dado y se cansa todo. Ya que a veces uno tiene un mal día y no está dispuesto a escuchar ni soportar las tonterías de los demás.

En realidad, es exactamente lo que buscan todas las personas acosadoras. Ellas tratan de acosar a su victima para hacerle enojar hasta verla sufrir. En mi caso, algunas veces, me sentía muy cansado de ese muchacho acosador y en varias ocasiones, estuve a punto de agarrarlo y darle una buena paliza pero a la misma vez, me puse a pensar en que yo tenía que seguir adelante sin causar ningún problema a nadie en el trabajo.______________________
¿Quieres saber qué hacía yo cada vez que él me acosaba?______________________ A pesar de que, yo estaba muy cansado de escuchar sus tonterías, sin embargo cada vez que se me acercaba para intimidarme, yo me

reía de todo lo que él me decía para no demostrarle mi debilidad. Mejor dicho, mientras me hacía el bullying, yo miraba su cara y me decía a mí mismo por dentro las siguientes palabras:

- Estoy aquí para aprender.

- Tú nunca serás mejor que yo.

- Te demostraré que soy invencible.

- Te metiste con la persona equivocada.

- Tengo todo bajo control, nunca vas a poder lastimarme.

- Puedes hacer lo que quieras pero nunca conocerás mi punto débil.

Yo siempre caminaba con mi frente en alto delante de él, porque mi plan no era pasar el resto de mi vida en un taller ni mucho menos al lado de un muchacho acosador. Afortunadamente con el tiempo conseguí otro trabajo mejor. En consecuencia, abandoné el taller y me fui.______________ ¿Te gustaría saber qué sucedió después?______________

Después de unos 8 años mas o menos, yo ya había progresado en todos los sentidos, pero por accidente iba caminando tranquilamente en la calle y me encontré con ese mismo muchacho que me hacía el bullying en el taller.

Él no esperaba verme así ni yo tampoco a él. En fin, lo saludé normal como si nada hubiese pasado entre nosotros pero se quedó muy avergonzado delante de mí. En vez de contestar mi saludo, lo primero que hizo fue disculparse delante de mí, diciéndome: **Te pido perdón y quiero que sepas que todo lo que te decía en el pasado, era solamente un chiste. No quiero que me guardes ningún rencor.**

Para decir la verdad, nunca le he guardado ningún rencor a ese muchacho. Inclusive, todas las cosas que él me decía para intimidarme me han dado más fuerzas para poder seguir adelante. Por eso cuando él empezó a suplicarme en la calle, le dije: **No hables de esas tonterías del pasado, nunca las tomé en serio; así que no te preocupes por mí; no tengo ningún problema contigo.**

En el taller, él pensó que podía dañarme la vida, pero a fin de cuentas, es él mismo quien se ha quedado muy avergonzado delante de mí hasta el día de hoy. En realidad, yo desde que me fui de ese taller ni siquiera volví a pensar en lo que él me decía antes. Así que, ese día del encuentro me acerqué a él con la intención de saludarlo porque hacía mucho que no lo veía. Sin embargo, él pensó que yo le iba a decir algo por todo lo que me había dicho en el pasado. Fue por eso mismo que al verme, antes de saludarme, empezó a pedirme perdón.

Mi tercer paso hacia delante

En mi adolescencia, mi primer negocio propio fue un centro de Internet. Para no mentir, fue en ese mismo centro de Internet que todos los niños y los jóvenes de mi vecindario aprendieron a navegar en las redes sociales y también jugar los juegos de la computadora. Ya que en ese tiempo, no todo el mundo tenía una computadora en su casa ni mucho menos tener un celular con Internet.

Yo contrataba a tres adolescentes más o menos de mi edad para trabajar conmigo en diferentes turnos con el objetivo de tener más tiempo libre para mí.______________ ¿Tiempo libre para hacer qué cosa?______________ Tener mi tiempo para poder jugar también en las computadoras. Normalmente me metía en medio de mis clientes a jugar los juegos como si yo fuera otro cliente más. Por otro lado, entre los jóvenes que frecuentaban mi local para jugar, uno de ellos constantemente me hacía el bullying, principalmente cuando se daba cuenta de que habían algunas chicas bonitas en el negocio._________________ ¿Sabes por qué él no sabía quien era yo?_________________ Porque siempre he respetado a mis clientes y también a mí, me gusta comportarme como uno de ellos.

Pero un día como de costumbre, yo estaba muy entretenido con mi juego en la computadora en medio de todos los clientes. De repente, apareció el acosador con la intención de seguir intimidándome. Uno de los que trabajaban conmigo se dio cuenta de eso y se reaccionó de esta manera:

- **Él le dijo al acosador**: ¿Sabes con quien te estás metiendo?

- **El acosador contestó**: Él es un cliente vicioso que siempre viene a malgastar todo su dinero aquí en los juegos. Tengo más dinero que él y todos los días, salgo con todas las chicas que yo quiera.

- **Él miró al acosador y le dijo**: Creo que te equivocas de persona. Para tu información, quiero que sepas que él es mi jefe, el dueño de este local.

El acosador se quedó parado mirándome sin poder decir más nada de tanta vergüenza que tenía delante de todos los otros clientes que estaban presentes en ese momento.______________ ¿Tuvo tiempo para jugar ese día?______________ No tuvo tiempo para jugar. Todo lo que él quería era buscar cómo salir de mi local lo más rápido que pudiera. Unos minutos después, él se alejó del local, más nunca volvió a pasar por esa calle donde estaba mi negocio para no tener que cruzarse conmigo. Sinceramente, hasta el día de hoy, nunca he vuelto a verlo nuevamente.

La desventaja que tiene la gente acosadora

Para empezar, todos los individuos acosadores tienen la misma desventaja____________ ¿Cuál es exactamente su desventaja?_____________ De una manera u otra, ellos siempre terminan metiéndose con la persona equivocada y a partir de ahí, indiscutiblemente eso suele ser el fin de todas las historias.

Por consiguiente, si eres una de esas personas acosadoras, me imagino que buscas tu felicidad cada vez que lastimes a los débiles. Mi mejor consejo para ti es: tienes que cambiar tu forma ser, una vez y para siempre.___________ ¿Quieres saber por qué motivo?____________ Porque si sigues con esa misma mala costumbre, el día que los demás descubran tu punto débil, van a vengarse de ti de una manera tan cruel, seguramente no tendrás dónde meterte. Dado que nadie en absoluto va a querer defenderte.______________ ¿Cómo se puede prevenir eso?______________ Para poder prevenirlo, desde ahora en adelante debes empezar a tratar bien a todo el mundo sin excepción de nadie y por otra parte, por más que alguien te llame cobarde o te ofenda de otra manera, no le hagas caso para no tener que lamentarlo en el futuro.

No permitas que nadie te intimide

Hasta donde yo sé, naturalmente cada ser humano nace con un defecto propio, por lo tanto, bajo ninguna circunstancia debes permitir que alguien te intimide por tu defecto.____________ ¿Cómo puedo yo prevenir ese problema?____________ Todo lo que debes hacer es levantarte y demostrarles a todos los acosadores que eres mejor que todos ellos juntos. Dado que naciste con un don muy especial.

No se puede negar que en tu camino constantemente vas a encontrar muchas personas malas con la intención de hacerte la vida imposible. Pero no te preocupes por eso, todos los problemas tienen una solución_____________ ¿Cuál es esa solución?_____________ A continuación te dejaré algunos secretos para poder vengarte de todas las personas que te acosan de una forma muy simple. Vamos a comenzar por:

- Si te hacen bullying por falta de higiene, entonces empieza a bañarte, cepillarte y lavar tus ropas.

- Si te hacen bullying por ser feo/a, entonces empieza a comprarte ropas y andar siempre bien vestido.

- Si te hacen bullying por ser inmigrante, entonces empieza a ignorarles a todos ellos y luchar por tus sueños.

- Si te hacen bullying por ser una persona débil o cobarde, entonces empieza a esforzarte para poder ganarte el respeto.

- Si te hacen bullying por ser pobre, entonces empieza a trabajar duro y convertir tus gastos en inversiones para un mejor futuro.

- Si te hacen bullying por ser obeso/a o muy delgado/a, entonces empieza a dedicarte tiempo para cuidar tu salud y tu imagen.

- Si te hacen bullying por tu discapacidad, entonces empieza a meter en práctica tus habilidades para poder sorprenderle a la gente.

- Si te hacen bullying por ser un tonto en la escuela, entonces empieza a descubrir tus verdaderos talentos para poder cerrarles la boca a ellos.

- Si te hacen bullying por ser homosexual, bisexual o transexual, entonces empieza a vivir la vida a tu manera sin prestarle más atención a nadie.

- Si te hacen bullying por ser alto/a o enano/a, entonces empieza a demostrarles a ellos que la altura no importa sino los conocimientos que cada uno tiene en su cabeza.

- Si te hacen bullying por ser hijo/a de personas delincuentes, alcohólicas, discapacitadas o vagas, entonces empieza a desmostarles a ellos que de la gente mala nace gente buena.

- Si te hacen bullying por el color de tu piel, entonces empieza a valorarte más y demostrarles a los demás que la única diferencia que existe está en la mente de cada uno pero no en el color de su piel.

Obviamente si has sido victima del acoso, es muy probable que el nivel de tu autoestima se quede en el suelo. Por consiguiente, quiero que desde hoy en adelante empieces a esforzarte más que nunca, para que puedas convertirte en una persona optimista, segura, positiva y con un buen nivel de autoestima.

Dicho de otra manera, si alguien se burla de ti por ser feo, gordo, enano, discapacitado, inmigrante, homosexual, delincuente, tonto, etc.., Con más razón, tienes que triplicar tus esfuerzos para poder hacerle pasar vergüenza por el resto de su vida.

Si eres capaz de esforzarte un poco más cada día, te aseguro que nunca volverás a ser la misma persona de antes._________________
¿Por qué no?_________________
Porque tu vida se dará un giro de 180 grados. Tú serás completamente una nueva creatura y al mismo tiempo, vas a notar que las personas empezarán a valorarte y respetarte en vez de intimidarte como de costumbre.

Para terminar, espero que ahora puedas entender que no existe ningún medicamento que pueda salvarle a alguien que ha sido victima del acoso._________________

¿De qué manera uno puede salvarse de eso entonces?

Todo depende de la autoestima y la aptitud de cada una de las victimas. Por todos estos motivos, para que no sigas sufriendo a causa del bullying, quiero que entiendas que eres más importante, bello y talentoso de lo que te puedas imaginar. Así que no vuelvas a permitir que alguien te maltrate ni te intimide ni te juzgue por lo que no eres.

No importa lo que los demás te hagan o digan sobre ti, tienes que seguir luchando decididamente por tus objetivos. Te lo digo es porque las personas con el retraso mental están por todos lados y no dudarían en meterse contigo para hacerte la vida imposible.

¿Quién puede escaparse de esas personas

malas?_______________En realidad, nadie puede escaparse de ellas, dado que el mundo está lleno de ignorantes y enfermos mentales. El mejor truco para evitar y deshacerte de cualquier tipo de acoso es siempre y cuando aprendas a:

- Quererte a ti mismo tal como eres.

- Mantener tu autoestima alta y creer en ti mismo.

- Ser feliz contigo mismo en cualquier parte del mundo que te encuentres.

- Darle al mundo la mejor versión de ti, para que las personas puedan ver que eres más importante y más habilidoso de lo que piensan de ti. De ese modo, todos aquellos que te odian o te hacen bullying, se caerán en su propia trampa donde permanecerán muy avergonzados por el resto de su vida.

En fin, quiero que sepas que todo en la vida depende ti. Así que, si eres capaz de poner en práctica todos mis consejos, indudablemente de hoy en adelante vas a ser una persona inmune a cualquier tipo de bullying.